DISCOURS DE RÉCEPTION

A L'ACADÉMIE DES SCIENCES

BELLES-LETTRES ET ARTS DE ROUEN

PAR

M. Charles LEVAVASSEUR

Ancien Député

ROUEN

IMPRIMERIE DE ESPÉRANCE CAGNIARD

rues Jeanne-d'Arc, 88, et des Basnage, 5

—

1883

DISCOURS DE RÉCEPTION

A L'ACADÉMIE DES SCIENCES

BELLES-LETTRES ET ARTS DE ROUEN

PAR

M. Charles LEVAVASSEUR

Ancien Député

ROUEN

IMPRIMERIE DE ESPÉRANCE CAGNIARD

rues Jeanne-d'Arc, 88, et des Basnage, 5

—

1883

DISCOURS DE RÉCEPTION

DE M. CH. LEVAVASSEUR

❧

MESSIEURS,

En venant m'asseoir à vos côtés et vous exprimer mes sentiments de gratitude, je crois entendre une voix jeune et fraîche, qui me dit : « *Passe encore de bâtir, mais planter à cet âge !..... »*

Cette voix me paraît être l'écho de la raison, malgré l'avis contraire du bon Lafontaine.

Ce n'est point à des mains séniles qu'il faut confier la tâche de planter un arbre sur un sol qu'elles peuvent à peine effleurer, mais à des bras jeunes et vigoureux qui le déposeront dans une terre profondément creusée. Alors, cet arbre donnera bientôt des fruits suaves et abondants, ou bien, étendant ses rameaux, vous offrira l'ombre et la fraîcheur.

Pourquoi donc, à mon âge, m'avez-vous appelé dans votre riche domaine, celui de la science et des arts, quand je ne puis y apporter aucune semence utile ou nouvelle, quand je ne puis aspirer qu'au repos, chose inconnue pour vous, Messieurs, qui êtes toujours à l'œuvre? C'est que, si le travail vous trouve infatigables, vous avez au même degré la mémoire du cœur. Gardiens fidèles des traditions du passé, vous n'oubliez jamais vos anciens confrères, vos anciens amis, ceux qui vous ont précédés dans vos utiles et précieuses recherches.

Je crois donc fermement, quand vous avez bien voulu songer à moi, que vous vous êtes rappelé mon grand-père maternel, M. Chapais de Marivaux, l'un des anciens présidents de votre Compagnie, et que ce pieux souvenir m'a valu le témoignage d'affection que je puis, en restant dans la vérité, appeler un tour de faveur. C'est un privilége que se sont parfois attribué les Sociétés savantes, et dont j'aurais bien mauvaise grâce à me plaindre, puisque j'en ai tout le profit.

Mon attitude réservée vous montrera plus tard, que de cette faveur, je n'abuserai point. Je n'en userai aujourd'hui que pour vous demander la permission de vous dire quelques mots sur M. Chapais de Marivaux.

Sa famille a appartenu à la ville de Rouen pendant un assez long temps; mais elle n'était pas d'origine normande; elle venait du Dauphiné, cette province montagneuse et pittoresque où le sang est bouillant, l'esprit vif et subtil. Cette famille prétendait que plusieurs gentilshommes de sa race avaient suivi nos rois dans les guerres d'Italie et y avaient trouvé une mort glorieuse.

Le métier des armes donne la gloire, mais n'engendre trop souvent qu'une noble pauvreté. Un Chapais ne crut pas déroger, en venant demander au commerce de Rouen l'hospitalité et le travail. Il y trouva l'aisance, et ce qui vaut mieux encore, la considération, ce titre sans parchemin auquel nos aïeux attachaient grand prix, et que l'opinion publique aime encore à donner, de nos jours, à ceux qui savent s'en rendre dignes, quelle que soit leur naissance ou leur carrière.

Je vous fais grâce d'une généalogie qui n'aurait aucun intérêt pour vous, et j'arrive à M. Chapais, qui, devenu conseiller échevin, juge-consul à Rouen, membre de la chambre de commerce de Normandie, vit, quoique commerçant, sa qualité d'ancien gentilhomme d'armes, confirmée en 1786, par lettres patentes du roi Louis XVI. Il eut deux fils, et le second ajouta à son nom celui de Marivaux, qu'il emprunta à un petit fief possédé par son père. C'est de ce fils, devenu magistrat et votre ancien confrère, que je vous ai demandé la permission de vous entretenir.

Charles-Bernard Chapais de Marivaux naquit à Rouen le 12 février 1754. Il fut envoyé par son père à un collége célèbre, dépendant de l'ordre des oratoriens, au collége de Juilly, d'où sont sortis, dans l'ancien régime, tant d'hommes éminents, et récemment encore Berryer, une des gloires du barreau et de la tribune française.

Un de mes plus précieux souvenirs, en cette vie, est d'avoir entendu ce grand orateur, le jour où, dans une adresse néfaste, on essaya de le flétrir, de lui imprimer le stigmate du parjure, à lui Berryer, l'image vivante de la fidélité. En l'entendant, j'étais remué jusqu'au fond de mon âme ; en voyant son noble geste et sa main puissante s'étendre vers l'assemblée, je me sentais enlevé de mon siége, je l'étais !....

.... En vous rappelant un nom qu'aucun de vous n'a oublié, je m'écarte loin de mon sujet, mais je vais m'en rapprocher un peu, malgré l'immensité de la distance, puisque j'ai à vous parler d'un homme qui, dans une sphère très modeste, presque ignorée, eut cependant le feu sacré de la parole et surtout la fermeté qui sied si bien au magistrat.

Après avoir terminé ses humanités au collége de Juilly et ses études juridiques à Paris, où il fut reçu avocat au parlement, M. Chapais de Marivaux revint à Rouen et acheta la charge de premier avocat-général près la cour des comptes, aides et finances de Normandie, mais il n'avait alors que vingt-sept ans, et les règlements de la cour exigeaient trente ans ans pour son admission.

La cour, par une délibération unanime, demanda au roi une dispense d'âge. Parmi les membres de cette cour, nous sommes heureux de rencontrer le nom de M. Rondeaux de Monbret, membre de l'Académie de Rouen, avant la Révolution, et père de M. Jean Rondeaux, qui a laissé dans votre compagnie et dans tout le monde commercial et administratif de notre département de si honorables souvenirs.

Le roi accorda la dispense demandée le 21 juin 1781, et le jeune magistrat voulut prononcer son discours d'installation en latin, ce qui ne veut pas dire qu'il charma ses auditeurs, mais ce qui est un indice de son goût pour les lettres.

De la part de M Chapais, il y avait peut-être quelque témérité à prendre, dès son début, une charge aussi lourde que celle de premier avocat-général, mais il se sentait de force à la supporter, et son goût pour le travail, son élocution facile et brillante le firent remarquer parmi ses collègues.

Toutefois, me direz-vous, quel besoin y avait-il d'un vrai mérite lorsque les charges étaient vénales, quand l'argent pouvait tenir lieu de talent, d'expérience, de savoir.

Oui, Messieurs, quoique le passé nous ait laissé de nobles exemples, quoique les Molé, les d'Aguesseau, les Montesquieu, et même dans notre province, les Groulart et les Miromesnil puissent faire bonne figure à côté des magistrats et même des gardes des sceaux de notre temps, j'ai hâte de dire que la vénalité des charges dans la magistrature était une des plaies, je devrais dire un des vices de l'ancien régime ; qu'elle a été une des causes de la Révolution, et que la Révolution a accompli un grand acte en la faisant disparaître de nos institutions ; en voulant que l'enceinte de la justice ne fût ouverte qu'au travail, au talent, à l'honneur, en voulant n'y admettre que des hommes d'une conscience pure et éclairée, qui, après avoir rendu leurs jugements ici-bas, n'auraient à rendre compte qu'à Dieu des sentences humaines.

Cependant, Messieurs, la perfection n'est pas de ce monde : elle n'est qu'au-dessus de nous.

Croyez-vous donc que, de notre temps, le ministère public soit toujours à l'abri des variations de l'atmosphère politique, et qu'il soit toujours facile à ses membres de concilier la liberté de conscience, qui leur est si nécessaire, avec l'obéissance qu'ils doivent à l'autorité dont ils émanent et dont ils doivent être les fidèles interprètes.

Je sais qu'il est de nobles caractères prêts à tout sacrifier, droits acquis, avancement mérité, récompense des services rendus, au besoin impérieux de ne faire que leur devoir, de n'obéir qu'à leur conscience ; nous avons eu sous les yeux de beaux exemples d'une pareille abnégation, mais d'aussi dures épreuves ont leurs difficultés, leurs périls.

Si je me suis permis cette digression, c'est qu'à mon avis, il faut être indulgent pour les époques où d'autres ont vécu, et que M. Chapais de Marivaux, en achetant sa charge, n'a fait que subir la loi du temps qui, sans l'avoir voulu, lui donnait au moins une plus grande liberté de parole et d'action.

La Révolution, en abolissant les charges qu'elle promit de rembourser, abolissait aussi les anciennes juridictions, et M. Chapais de Marivaux, jeune encore, fut rendu à la vie privée, mais avec l'espoir et le désir bien légitime de rentrer dans la magistrature. Il avait l'esprit de son temps, et comme bien d'autres, croyait au succès, aux bienfaits d'une ère nouvelle.

Vous ne savez que trop bien, Messieurs, ce qui advint.

Le crime osa bientôt s'asseoir sur les bancs de la justice.

Cependant le mal, si grand qu'il soit, n'a jamais qu'une courte durée. Après de violents orages, vint un moment de calme, et alors le pouvoir voulut renouer la chaîne des temps en réunissant dans un même corps, un même esprit, les éléments anciens et nouveaux d'une magistrature qui, depuis sa création, a été et est encore l'honneur de la France.

Nous trouvons, dès les premiers temps de sa reconstitution, en 1803, sur les registres du greffe de la cour, l'installation des membres du tribunal d'appel, parmi lesquels figure M. Chapais de Marivaux.

Le président était M. Thieullen, devenu plus tard premier président de la cour. Son nom vit encore dans le souvenir des vieux magistrats.

Le calme était sans doute revenu à la surface du pays, qui commençait à respirer, à reprendre une vie nouvelle, mais bien des passions couvaient encore et ne demandaient qu'à se faire jour.

L'héroïque Vendée avait perdu ses nobles chefs ; épuisée par les combats, elle avait été obligée de se soumettre. Cependant des hommes dévoués à la cause qu'ils avaient défendue crurent qu'en inquiétant le gouvernement nouveau sur divers points du territoire, par des attaques subites et inattendues, puis se dérobant après ces attaques, ils ébranleraient assez le pouvoir naissant pour qu'il ne prît pas racine. Vous m'avez deviné, Messieurs, j'ai voulu parler de la chouannerie, qui compta dans ses rangs des hommes honorables, mais aussi des aventuriers, de nombreux déserteurs, des gens de rapine qui se cachaient sous le manteau de la Royauté, en affectant pour de grandes infortunes un attachement qui n'était que sur leurs lèvres.

Les voitures publiques étaient arrêtées sur les grands chemins, dévalisées quand elles transportaient l'argent du Trésor; les receveurs de l'État, attaqués dans leur domicile, ne se sentaient plus en sûreté; la gendarmerie, après des échauffourées où plus d'une fois elle succomba, était devenue impuissante. Nos soldats, alors si utiles à la frontière, étaient réduits à échanger des coups de fusil avec des bandes qui s'attaquaient à tous les employés de l'État, à ses ressources, parfois même à de simples voyageurs.

Un pareil état de choses ne pouvait durer. Un gouvernement qui ne sait pas donner la sécurité aux citoyens paisibles est certain de tomber. L'institution du jury, à peine entrée dans les mœurs publiques, était sans force contre les partis, car l'opinion publique, incertaine et flottante, ne savait à qui elle avait affaire, à des hommes de cœur qui voulaient restaurer la royauté ou à des criminels qui s'abritaient sous son drapeau.

En un tel état de choses, le gouvernement dut pourvoir à la défense de la société, paralysée dans ses mouvements, menacée dans ses intérêts de tous les jours. Il institua des tribunaux auxquels il donna le nom de *Cour de Justice.*

A cette époque, M. Chapais de Marivaux était déjà procureur général criminel. Je vous ai parlé de la fermeté, qualité si nécessaire au magistrat; elle s'élève à la hauteur d'une vertu dans les temps troublés, quand la peur ou la passion s'emparent d'une société; quand, du besoin impérieux de la sécurité qui lui faisait crier vengeance, elle tombe, l'heure du danger une fois passée, dans un sentiment exagéré de pitié pour les coupables. Tel était l'état des esprits, lorsque M. Chapais de Marivaux eut le devoir de diriger des poursuites contre des bandes qui portaient l'épouvante au milieu des populations, et, plus tard, dut soutenir l'accusation contre des hommes et des femmes assez haut placés dans l'échelle sociale et appuyés par un parti encore nombreux et puissant.

Je ne vous ferai pas, Messieurs, l'historique d'un procès qui eût un grand retentissement à une époque où la presse était muette. Que serait-ce donc aujourd'hui ? L'historique de ce drame judiciaire m'entraînerait trop loin. Il serait au-dessus de mes forces. Dans ce drame, on voit apparaître tour à tour la politique se parant d'un prétendu dévoûment, une femme jeune, une mère trop faible, des hommes amoureux des aventures, l'audace dans les moyens d'attaque, le goût de la dissipation après des succès éphémères. Toutes ces passions diverses auraient besoin de la plume chaude et colorée d'un historien ou d'un romancier : Balzac vint à Rouen pour s'en inspirer, mais il recula épouvanté à la vue d'un dossier monstrueux, et bientôt, enveloppé par la poussière qui s'en exhalait, il prit la fuite, trouvant sans doute qu'il était plus facile de se laisser aller aux rêves de l'imagination que de consulter l'histoire.

La Cour de justice cessa d'exister avec les causes qui

l'avaient amenée, et M. Chapais de Marivaux, au lieu de chercher un avancement mérité, rentra dans le sein de la Cour d'appel.

Maintes fois il fut Président de la Cour d'assises, alors que les circonstances atténuantes ne faisaient pas encore les délices des prévenus et que le résumé du président causait le désespoir des avocats. De jeunes défenseurs, nommés d'office par la Cour, devenus plus tard ministres et gardes des sceaux, m'ont dit plus d'une fois, avec une sorte de mauvaise humeur, qu'il faut leur pardonner, que la défense était un métier par trop ingrat avec M. Chapais de Marivaux ; que de tous leurs arguments, de leur émotion, de leur sensibilité, il n'y avait plus de trace après son résumé. Aujourd'hui leurs successeurs sont plus heureux, le prévenu touche à l'innocence des temps primitifs et la série des délits et des crimes paraît s'accroître dans une proportion peu rassurante pour nous et pour la postérité.

Ce n'est pas le cas, ce nous semble, de monter au Capitole et de rendre grâce aux dieux.

Serions-nous réduits à gémir sur les abus de la philantropie, sur l'excessive indulgence de notre législation et surtout de nos mœurs publiques ?

M. Chapais de Marivaux avait pu acquérir par l'étude les connaissances que doit posséder tout magistrat, mais la nature lui avait donné les qualités propres à l'orateur ; c'est à ce titre qu'il a mérité surtout de vous appartenir. Il avait la chaleur du cœur sans laquelle la parole est impuissante sur ceux qu'elle veut convaincre ou entraîner ; son organe grave et sonore s'imposait au public et faisait passer l'émotion dans les âmes ; enfin, il avait une physionomie heureuse.

Plein de dignité dans l'exercice de ses fonctions, il ne hasarda jamais un de ces prétendus traits d'esprit, un de ces mots qui doivent être exclus de l'enceinte où s'agitent l'honneur et la vie des citoyens. Cependant l'homme qui apparaissait sévère sur son siège savait être aimable dans le monde, parce qu'il avait une vive imagination, l'esprit orné et littéraire, un tour de conversation qui appartenait aux hommes de l'ancien régime, et qu'on a bien négligé de notre temps, si on ne l'a pas oublié. Nous aimons à nous dire plus positifs, plus sérieux qu'autrefois. Si c'est là un progrès, je le regrette pour le charme de la conversation. Ce charme, qui était très vif pour M. de Marivaux, lui fut enlevé à l'âge où il est le plus nécessaire, où il nous permet de nous rajeunir par les souvenirs du passé. Il eut le malheur de perdre sa fille unique, ma mère encore jeune. Dès lors il n'eut plus en partage que la tristesse et des souvenirs amers. Il devint aussi sombre qu'il était animé jadis. L'abattement, la douleur étaient peints sur son visage, et l'on eût dit qu'il n'attendait que le moment suprême pour rejoindre celle qu'il avait perdue. Les plus tristes réflexions assiégeaient son esprit quand il fut frappé d'apoplexie, et mourut instantanément le 22 septembre 1831.

Je vous ai entretenu, Messieurs, du magistrat, de votre confrère, de sa douleur. Peut-être ai-je été trop élogieux pour mon aïeul. C'est une faiblesse que vous pardonnerez à un petit-fils, qui, en entrant parmi vous, croit entrer dans sa famille.

Après vous avoir fait un tableau assez sombre des nécessités de la justice, de l'entraînement des partis, où se confondent fréquemment le dévoûment et le crime, de la douleur morale qui, après le devoir accompli en cette vie, est trop souvent la compagne de nos derniers jours. Permettez-moi de finir par une anecdote qui, grâce à Dieu, a eu un dénoûment heureux et peint assez bien les passions religieuses qui ont précédé la révolution et lui ont même survécu quelque temps. Aujourd'hui ce sont des passions d'une autre nature, des passions irréligieuses. Je n'en parlerai pas, car il s'agit d'un mariage, et, en pareille occurence, tout le monde doit être de bonne humeur, se donner la main et au besoin s'embrasser.

Mon père habitait une maison peu éloignée de la demeure de M. Chapais de Marivaux. Il avait vu, non pas dans le monde, car le monde tel que nous le connaissons n'était pas encore revenu à la vie, mais vu simplement à la promenade Mlle Chapais, qui lui parût jeune, agréable et bien élevée. Elle s'appelait Aimée et méritait ce nom. Il songeait à elle, et ayant ouï dire qu'elle avait une grand'maman qui ne sortait guère de son fauteuil et s'occupait avant tout de l'éducation religieuse de sa petite-fille, il prit son courage à deux mains et pensa que le meilleur négociateur pour l'affaire qui lui tenait au cœur serait lui-même.

Le voilà donc devant la grand'maman fort simple, dans un temps où la misère avait retrempé les âmes, mais n'avait désarmé ni les croyances, ni les passions d'un autre âge.

Il s'y prend comme il peut pour arriver au but de sa visite ; mais la grand'maman de l'arrêter au milieu de son exorde, d'ailleurs embarrassé, et de lui dire : *« Mon bon jeune homme, je vous vois bien venir, pas de phrase, ce serait du temps perdu ; votre famille est Moliniste, je le sais, vous aussi vous devez l'être, moi je suis Janséniste, et ma petite Aimée n'aura jamais pour mari qu'un Janséniste. Je vous en dis assez, vous pouvez prendre congé. »*

Les amoureux ne se découragent pas facilement : il est dans leur destinée d'attendre et de prendre patience. Il fallut donc trouver un pur janséniste qui voulût bien se charger de revoir la grand'maman, de lui donner l'assurance que mon père n'était pas Moliniste ; qu'il n'était pas responsable des erreurs de sa famille si elle en avait eu, et qu'il ne demandait pas mieux que de s'initier aux principes et aux règles du jansénisme.

La porte fut alors ouverte au prétendu, qui alla prendre des leçons de jansénisme auprès de la grand'maman, fort diserte en cette matière ; il trouva le temps, dans l'intervalle des leçons, de faire sa cour à la jeune fille, et le mariage se fit.

Moi aussi, Messieurs, je viens de contracter avec vous une union qui m'est chère. J'espère, grâce à Dieu, qu'elle sera indissoluble et que vous n'aurez aucun motif de me demander le divorce. Cette union va être consacrée par la parole respectée de notre honorable Président, qui, à la science du droit, sait allier le goût

et la pratique des arts. Si, par hasard, durant notre
entretien, son habile crayon s'était laissé aller à
tracer mon esquisse, alors, Messieurs, défiez-vous de
la ressemblance ; la courtoisie de l'artiste l'aurait faite
trop flatteuse.